Dikter och berättelser av två gentlemän på Österlen

ANDERS ANDERSSON & JOHAN WIERUP

Dikter och berättelser av två gentlemän på Österlen

© 2019 Anders Andersson & Johan Wierup
Sättning och omslagsutformning: BoD – Books on Demand
Förlag: BoD – Books on Demand, Stockholm, Sverige
Tryck: BoD – Books on Demand, Norderstedt, Tyskland
ISBN: 978-91-7851-487-8

Anders Andersson – Poesi

Johan Wierup – Minnen från mina år som präst både «Ute och Hemma»

Anders Andersson – Poesi

Redan när jag vaknar

Redan när jag vaknar
skimrar ljuset över fälten.
Detta förunderliga ljus
som tar kraften från havet
och lyfter fram landskapet.
Detta förunderliga ljus
som gör hela nejden så klar
liksom målad på glas.
Detta förunderliga ljus
som aldrig slocknar helt.
Även sommarnatten
har det mjuka skimret
med sig från dagen.
Detta förunderliga ljus.

Havet

Havet tar emot mig
när jag kommer ner till stranden.
Vänligt lockande vågor
rullar makligt in.
Havet, sorlande i sin skönhet
brusande, mäktigt i sin kraft.
Alltid fängslande, tjusande.
Jag sitter på en sanddyn och känner
vinden, smekande mot min kind.
Vinden stryker genom strandrågen
böljande, skiftande från grönt till grått.
Ser aftonen färga ett rosenband över vågorna
långsamt blekna och till sist borta.
Jag reser mig dröjande och går.
Imorgon är jag tillbaka.

Vågornas sång

Jag har lärt mig vad vågorna sjunga
när de nynnar sin eviga sång
När måsar så makligt gunga
så rofyllt dagen lång.
När vinden rusar så sanden yr
hörs längtans veka melodi
När skeppet mot fjärran länder styr
jag känner mig lycklig och fri.
Jag blir ett med strandens dyner
långt in i strandskyddets skog.
Jag förstår de seglandes syner
när de minnas en flicka som log.

En del av mig

En del av mig är vinden
som drar genom strandrågen.
En del av mig är havet
det väldiga, eviga.
Tystnaden mellan klitterna,
sanden som flyger som drivsnö
över stranden.
En del av mig är musiken,
sakral eller profan,
avslappnande och mjuk
En del av mig är familjen,
min hustru och barn.
En del av mig är Du.

Barfota på barndoms stigar

Barfota på barndoms stigar,
solsken, silat
genom gröna bladverk.
Genom kära smultronhagar
där de gamla en gång bott.
Genom skyar av blå förgätmigej.
Känna doften av granens kåda,
höra fågelsång en junikväll
drilla i toner, oerhört klara.
Skymningen dröjer,
glider sakta,
kvällen vill stanna i denna minut.
Så vill jag drömma
i försommarkväll.
Så vill jag vandra
barfota på barndoms stigar.

Jag har gått på stranden

Jag har gått på stranden i vinden
och känt salt och sand på min kind.
Jag har sett vågorna komma emot mig
med fräsande skum på topparna.
Jag har känt vinden
svepa min kropp i sin famn
med värme och kraft.
Jag har sett fåglarna lyfta
och segla i vinden, ropa till varann.
Så vill jag också ropa ut en sång,
ett solo i vindens kör.
En jublande sång om känsla och glädje,
om skönhet, om vinden, om allt.

Då tänker jag på dig

Jag ser en svala, lilla tös.
Så smäcker och så graciös.
Som högt i rymden svingar sig
då tänker jag på dig.
Jag ser en fjäril trå sin dans,
så lätt och glad i solens dans
Från Jungfruhatt till Akvilej
då tänker jag på dig.
Jag ser Guds himmel azurblå
Där Cirrusmolnen stilla gå.
Och stilla andakt fyller mig
Då tänker jag på dig.
Jag ser en sällsamt vacker syn
ett rådjurskid i skogens bryn
Dess blick ber «Förgät mig ej»
Då tänker jag på dig.
Jag hör en ton vid dagens slut
En violin som gråter ut
All längtan den bär inom sig
Då tänker jag på dig.
Allt vacker som jag ser och hör
det är ju endast skapat för
Att arla, särla minna mig
att tänka just på dig.

Jag är ensam nu

Jag är ensam nu.
Din hand som följt mig
drogs undan med en smekning.
Din röst, ditt skratt har tystnat
men jag kan höra det ännu.
Dina steg har stannat
men jag följer dem på stranden.
Jag ser Dig stå och vänta
att jag ska följa Dig
När min tid är inne, finns jag där -
Älskling, jag kommer snart till Dig.

Sommarnatt

Jag väntar i en sommarnatt,
denna stund mellan kväll och gryning.
Jag väntar i en sommarnatt
vid havets loja dyning.
När dag går till dag,
utan gräns
bara stilla väntan.
Då vakar jag
och känner jag
en djup och andäktig längtan.

Jag fick en snäcka

Jag fick en snäcka
av havet idag.
Vågorna förde den över sanden
fram till mina fötter
där jag böjde mig ner
och tog den i min hand.
Den var öppnad och tom
men ändå en gåva
av det outgrundliga
mystiska havet.
Tack.

Kärlek i vårnatten

Kom du min kära,
natten är nära.
Kom, låt oss glömma
att världen finns till
Fullmåne blänker
som silver och skänker
ljus när vi drömma
en natt i april.
Tysta vi vandra,
intill varandra.
Kärleksfullt tryckta
ett älskande par.
Vårnattens tjusning
vindarnas susning,
ljuden som flykta
oss andan betar.
Händer mig smeka,
ögon beveka,
Kyssar mig bränna
då jag i din famn
nuet förskjuter,
lyckan får känna
som ej kan ges namn.

Bonden

Sätt harven i jorden, bonde
nu är det äntligen vår.
När du axlat skäppan, bonde
och kornet i jorden sår,
minns att du ger liv, bonde
det är lönen för mödan du får.
När säden är mogen, bonde
och lien så sjungande slår,
då får du tacket, bonde
av dem som hungrande går.
Sätt harven i jorden, bonde
nu är det äntligen vår.

Vårsång

Nu spelar orren var vårlik natt
på myren där nere i dalen.
Nu rasar grannens rödsvarta katt
och ylar som vore han galen.
Bäcken forsar med nysmält snö,
porlar och sjunger i dungen,
på väg till brusande, böljande sjö,
en sång som vore i kyrkan sjungen.
Vi ska glädjas åt ännu en vår
och reda vår åker för nya grödor.
Glädjas åt livet när vi vid plogen går
stärkta i själen för nya bördor.

Vårens budbärare

Äntligen är de tillbaka!
I vattnet vid heden
är det livligt.
De första som kom
söker gamla boplatser
försvarar och bygger om.
Vårens budbärare hörs långt
och flera kommer.
Ropa till varandra
kanske berätta om vintern
och var de varit.
Det är redan lite varmare
och i gräset syns gröna strån.
Hasseln blommar, först av alla
men alla växter är på gång
för ännu en härlig tid.

Ett lugn sprider sig

Ett lugn sprider sig inom mig
när jag sitter på stranden och bara är.
Bara njuter av att se, höra och känna
livet omkring mig.
Jag är ensam,
bara ett svanpar är nära.
Måsarna är ute på havet
för att möta hemvändande fiskare
och bjudas på festmiddag.
Dessa stunder av ensamhet
vid den lugna sjön ger så mycket.
Jag känner en stilla ro.

En sång av frihet

Jag hör en sång av frihet
när jag går på stranden.
Från måsarna, från tärnorna
Följ oss, följ oss!
Du är fri! Du är fri!
När jag sakta går
när vågorna spolar över fötterna
och jag förstrött ser efter bärnsten
då är jag fri.

Buster

När en vän dör
dör en bit av dig själv.
Det fattas en bit av min själ
en tomhet som molar.
Det gör ont av saknad
när jag ser honom framför mig.
Hans välbekanta glada ögons ljus
stråla när jag kommer.
Aldrig ska jag glömma honom
hans tysta tassande bakom mig.
Hans glada språng emot mig
och hans värme mot min rygg.
När en vän dör
dör en bit av mig själv.

Cancer

Det bor en djävul i min kropp
en elak, som vill döda mig.
Han smyger runt och sår ett frö
ett ogräs i min gestalt.
Till envig utmanar jag,
där liv mot död ska stå.
Må den starke segra.
Min bön: låt det vara jag.

Österlensymfoni

Om jag vore kompositör
skrev jag en symfoni
om Österlen.
Landskapet och havet blev orkestern
måsarna och lärkorna
solister.
Längst bort, bort kullarna vid Tommarp
sitter basar och slagverk.
Framför dem på slätten
är vinden stråkar
och lärkan solo.
Havet är kören som sorlar
med ett måsskri då och då.
Den orkestern framför min symfoni
i tre satser:
vårens friska trumpeter
sommarens sömnigt glidande stråkar
och den tredje:
höstens tjutande kör,
vinden som ilar över slätten
och bromsas upp där borta
mot kullarna vid Tommarp.
Hör, hör.

Hemresa

Jag åker nära havet
när jag åker hem från Österlen.
Jag vill vara så nära jag kan
för att känna doften av tång
och se rymden över Östersjön.
Jag tror att jag då får med mig
mer av doften och vidden
med mig upp till det avlägsna norr.
Jag vill dröja kvar med alla sinnen
fast vägarna går därifrån.
Den biten vill jag spara inom mig
till nästa gång jag far dit.

Mot länder i fjärran

Mot länder i fjärran vi styr vår färd
med ungdomens längtan mot nya mål.
Med gamlingens minnen från tidiga resor
de seglar tillsammans över skummande hav.
För vindar som styr dem, som vindarna gör
mot målet som hägrar i fjärran.
Till hemmet vid bryggan i viken så stilla
till hustru och barn i hemmets ro.

Hösten kom tidigt

Hösten kom tidigt i år.
Flyttfåglarna fick bråttom
över redan frostnupna hedar.
Nere vid havet känns vinden sval
och genomvädrar hela kroppen.
När vi går längs stranden
och letar stenar
och vattenslipade grenar
är det skönt att vända ryggen till.
Bonden skördar betor och plöjer
förbereder nästa välsignade skörd.
Hösten är inte en tid då allt dör.
Hösten är början på resten av vårt liv.

Höst

Tystnad
mellan glesa stammar
i hösttyngd skog.
Vissna löv
som prasslar
gulnade under min fot.
Tysta
tunga droppar
av väta, inte regn
tränger in
gör min klädnad tung.
Dagen är kort
försvinner in i skymning
utan gräns, bara borta.
Men varje dag som går,
varje löv som singlar ner
gör våren nära.
Livet kommer åter.

Gryningsdröm

Jag stod en morgon
när solen gick upp
på toppen av ett berg, som högt
över skogen steg.
Jag såg alla världens länder
breda ut sig som till bön.
De bad om fred och kärlek
om frihet från förtryck.
De bad mig om allt
men intet kunde jag,
för jag var Gud.

Älvdans

Jag sitter på en tuva i skogen
och ser på älvornas dans.
Men vackrare älva på slogen
än min, det inte fanns.
Hon dansar mitt i ringen
så lätt och sjunger i dur.
Ljusare än hon är ingen
och rak hon är som en fur.
Jag ser mig omkring
mellan träd och mo.
Där sitta djuren i ring,
en hare mellan räv och lo
fyllda av vänskap och tro.
Så kommer plötsligt en stråle
av sol, och hastigt blir det morgonro.
Vinden så sakta drar
och jag sitter ensam kvar.

Rosen

Den vackraste ros vill jag skänka
mitt hjärta och liv därtill.
Men aldrig vågar jag tänka
frågan, om Du vill
vandra vid min sida
i kärleken till himmelens port.
Att segla i världen vida
fast lyckan i livet är kort.

Aftonbön

God natt du Jord
jag somnar in
i din trygga famn
till aftonvind.
När dagens första stråle
av ljus mig når
jag frisk och vederkvickt
i striden framåt går.

Johan Wierup – Minnen från mina år som präst både «Ute och Hemma»

När jag fått «venia» av biskopen i Lund 1966 var jag naturligtvis glad och stolt, så också min mamma Lilian. Jag kände mig väldigt ödmjuk inför uppdraget och förtroendet jag fått att predika det kristna budskapet om Jesus Kristus! Jag berättade för far att jag fått «venia» av biskop Martin Lindström. Min far sade till mig och det kändes som ett «styng «i hjärtat: «Du får aldrig predika i mina kyrkor». Dessa ord sade han ytterligare en gång, nämligen när jag berättade att jag verkligen fått kallelsen att bli präst.

Jag har frågat mig varför han sade detta. Far ville, har jag förstått, att min storebror var den som skulle bli präst. Jag har förlåtit honom. Trots att min far var präst i Lunds stift blev jag inte prästvigd för detta stift utan tog kontakt med biskop Ragnar Askmark i Linköping och blev prästvigd den 4:e advent 1969. Det var naturligtvis en protest mot min far. Min första tjänst som präst blev i Malexander.

Min kallelse att bli präst

Jag var i unga år djupt imponerad av Mårten Werner. När jag under en längre tid fått en kallelse av Gud att bli präst vid många gudstjänstbesök, även i Mårtens kyrka, skrev jag ett brev till honom och undrade om han trodde att en sådan «usling «som jag skulle kunna bli präst? Jag fick ett vänligt brev av honom och han tyckte själv det att det var Guds mening. Så blev det också några år senare.

Kallelsen var mycket speciell. Under många gudstjänstbesök kände jag när prästen stod vid altaret och i predikstolen att det var som om en röst sade till mig: «Där ska du stå!» Detta hände åtskilliga gånger och gick inte att stå emot.

Jag hade på universitetet i Lund studerat historia och hade börjat läsa teologi. Nu blev det fortsatta studier i detta stora ämne med studier i både grekiska, hebreiska och alla de ämnena som ingår i en teologie kandidat. På den tiden, d.v.s. 1960-talet, måste man också studera grekiska. Jag hade inte läst grekiska utan endast latin, då jag gick halvklassisk linje på gymnasiet i Ystad.

Jag åkte in till Hermods i Malmö och ville läsa grekiska. De frågade om jag hade tagit några kurser tidigare hos dem. Jag berättade att jag avlagt en kurs i plöjning vilket jag verkligen hade gjort, då jag i unga år varit inställd på att bli lantbrukare och eventuellt agronom. Jag tog min kurs i grekiska och läste sedan delar av Nya Testamentet på detta språk och avlade min teologie kandidatexamen våren 1969.

Efter ett par tre terminer på teologiska fakulteten tog jag det stora steget att begära «venia» av biskop Martin Lindström i Lund, så att jag kunde få predika, vilket jag gjorde åtskilliga söndagar. Min första predikan framförde jag i Lilla Harries och Örtofta kyrkor utanför Lund. Det var en viktig dag i mitt liv. Min morfar Johan Månsson-Rothstein härstammade från denna trakt.

Hemsyster Hanna

Vissa personer i mitt liv har verkligen gjort avtryck på mig. Min far var kyrkoherde på 50-talet i Färlöv och Norra Strö, strax utanför Kristianstad. I Norra Strö kyrka var jag ofta med far på gudstjänster i vilka hemsystern Hanna alltid deltog. Hon arbetade i församlingen och besökte sjuka och ensamma. Jag minns inte om hon själv hade någon familj, jag tror inte det. När någon församlingsbo var allvarligt sjuk stannade hon kvar över natten och låg på golvet vid sidan av den sjukes säng för att kunna räcka en hjälpande hand. Hon tog sin uppgift som ett « kall» från Gud. Syster Hanna gjorde ett djupt intryck på mig och jag har ofta tänkt på henne. Hon var verkligen en god kristen människa. Hon har nog också haft betydelse för mitt prästkall.

Jöns Björkman

I Färlöv var Jöns Björkman kyrkvaktmästare. Han var av den «gamla stammen». Han älskade sitt arbete i församlingen, det är jag säker på. Det fanns inga «fackliga uppmätningar» av arbetet på den tiden. Han lade ner «sin själ» på kyrkogården och i kyrkan. Han var verkligen inte särskilt välavlönad, men gav alltid mig en liten slant som jag kunde handla godis för i affären.

En dag sökte min far upp honom. Det gällde förmodligen en begravning eller vigsel. Efter en bra stunds letande fann min far honom liggande på en bänk längst bak i kyrkan. Där hade han lagt sig för att vila en stund, men han vaknade aldrig upp mer. Tänk att få dö lugnt och stilla på den plats han älskade och där han hade lagt ner sitt arbete under många år.

Jag tänkte på den gamle Simeon (Evangelietexten på Kyndelsmässodagen) som hade fått löftet av Gud att han inte skulle dö förrän han hade sett «Herrens Smorde». Det fick säkert Jöns göra! Han dog i frid. Han blev saknad av hela församlingen, min familj och inte minst av mig. Ibland när jag kör till Färlöv söker jag upp hans grav.

Mor Zaar

Mor Zaar i Hörups församling utanför Ystad var en människa som jag aldrig glömmer. Hon bodde i ett litet vackert hus med jordgolv några kilometer från kyrkan. På golvet låg mycket fina trasmattor, som hon säkert själv hade vävt. Det var alltid fint att hälsa på hos henne. Hon hade det verkligen hemtrevligt i sin bostad. Varje söndag gick hon till kyrkan i Hörup för att fira gudstjänst. Hon satt alltid till vänster, långt fram, och deltog verkligen aktivt. Under bönen Fader Vår läste hon alltid med högt, vilket inte var särskilt vanligt på 50-talet. Hon knäböjde på det kalla stengolvet under bönen.

Jag minns särskilt en gång när hon som vanligt hade knäböjt i bänken. När gudstjänsten var slut gick far fram till henne och sade: «Mor Zaar» behöver väl inte, nu när hon har svår värk och är gammal, falla på knä under Fader Vår?» Hon tittade bestämt på min far och sade: «Det var värre för Frälsaren på korset!!» Hon fortsatte att falla på knä så länge hon förmådde gå till kyrkan. Far körde ofta hem henne till sitt lilla hus efter gudstjänsten. Där bjöd hon ofta på kaffe, saft och hembakta bullar. Hon hade mycket att berätta från sitt strävsamma liv.

Johanna vid Sandhammaren

En bit från kustvägen i närheten av Sandhammarens fyr bodde Johanna i ett litet hus. Lite längre bort bodde FN:s generalsekreterare Dag Hammarskjöld tillsammans med sin livvakt Bill i ett litet torp med halmtak. Där tillbringade generalsekreteraren några korta veckor under somrarna på 1950-talet. Johanna och Dag, som hon kallade honom, var goda vänner. Han skickade ofta vykort till Johanna från stora delar av världen. Ibland hade han också köpt presenter. Hon visade dem stolt när jag och min far besökte henne. En gång när vi var där berättade hon att Dag hade varit i Geneve på ett uppdrag för FN. Johanna berättade stolt om sin gåva. Far frågade vad det var för en present hon hade fått av generalsekreteraren. Hon svarade genast: «Kunde det var något annat än ett gökur, kyrkoherden?»

När Dag Hammarskjöld fyllde 50 år 1955 besökte han och Bill Johanna i hennes enkla stuga efter att tidigare på dagen varit ute med en fiskebåt från Kåseberga för att koppla av. Efter någon timme kom några journalister från de stora tidningarna och knackade på dörren hos Johanna. Hon såg dem komma från sitt fönster och sade till Dag och livvakten att gå in i rummet vid sidan av köket. Dörren stängdes omsorgsfullt och Johanna uppmanade Dag och Bill att vara tysta.

De tuffa och garvade journalisterna frågade länge och väl Johanna om hon möjligen visste var generalsekreteraren befann sig? De hade fått veta var han bodde under sin vistelse på Österlen. Hon lyckades bestämt berätta att hon inte alls visste var han höll hus. Journalisterna fick gå utan få träffa Dag Hammarskjöld. Det var skickligt manövrerat av den kavata Johanna. Jag kan tänka mig att både Dag och Bill skrattade gott när journalisterna var utom synhåll!

Mårten Werner

En person som verkligen gjort avtryck i mitt liv, ja resten av mitt liv, var en mycket bra präst och vän, Mårten Werner. Han hade varit sjömanspräst i sina unga år i Antwerpen och var mycket uppskattad av alla, inte minst av sjöfolket. Han var under många år riksdagsman och kyrkoherde i Malmö S:t Pauli. Han var också samtidigt regementspastor på dåvarande LV 4. Han var mycket engagerad i den dåvarande Lutherhjälpen och samlade in och tiggde pengar till denna behjärtansvärda kyrkliga hjälporganisation, som tyvärr, enligt mig, ändrade namn för några år sedan. Varje söndagseftermiddag, när han hade möjlighet, stod han på Södergatan i Malmö och samlade in pengar och berättade om Jesus på ett medryckande sätt. Mårten önskade av församlingarna i Malmö att få ett bord/altare där han lättare kunde stå och tigga. Det blev nej från kyrkan, men Malmö stad satte upp ett bord av sten till honom!

Mårten besökte under många år Kiviks marknad klädd i kaftan och «elva». Där stod han och också och tiggde pengar till just Lutherhjälpen. Mårten utmanade besökarna genom att visa att han med rak arm kunde lyfta en pinnstol rakt ut i nittio graders vinkel. Han var väldigt stark. Om någon marknadsbesökare inte kunde slå honom fick man ge ett bidrag till just Lutherhjälpen. Det var inte många som kunde bräcka honom med att lyfta stolar på rak arm. Han var en enastående talare och man lyssnade verkligen på honom med stor behållning.

Mårten Werner var god vän med den då kände Carl-Gustav von Rosén. Von Rosén hade byggt upp Etiopiens flygvapen. De arbetade tillsammans i Biafra vid den stora svältkatastrofen. Von Rosén «matbombade» med sitt lilla flygplan och var nära att bli nerskjuten flera gånger, vilket han också blev, fast långt senare.

En gång frågade Mårten honom: «Vad är det som driver dig att göra dessa livsfarliga hjälpflygningar?» Carl-Gustav svarade: «När man har mött alla dessa svältande och utmärglade människor så måste man bara hjälpa. En dag mötte jag den «Den store Hjälparen» och då var det bara att fortsätta!»

Vid ett annat uppdrag för nödlidande i Afrika följde Mårten Werner med en norsk hjälporganisation i ett ganska litet flygplan. Ombord i planet var några läkare och sjuksköterskor. Alla i planet var troende hjälparbetare, så även piloten. Innan flygningen startade lade sig piloten på knä och bad till Gud att uppdraget skulle bli framgångsrikt. Han bad för motorn, för propellrarna, för landningshjulen och för vingarna. Mårten lade märke till att där var en ledig flygstol och han tyckte det var märkligt. Där skulle ju ytterligare en läkare eller sjukvårdsperson sitta. Mårten frågade piloten varför den platsen var tom. Piloten sade: «Där ska ju Jesus sitta, förstår du väl som är präst?»

Författaren Sven Stolpe

Min första tjänst som präst var i Malexander och i Blåvik i Åsbo pastorat. Där fick jag också möta människor som jag aldrig glömmer. I församlingen, på herrgården Stjärnesand, bodde den kände författaren och debattören Sven Stolpe. Han var aktiv katolik och hade tjänst som lektor i Mjölby. Jag ville självklart besöka honom. Jag skrev ett brev till honom och frågade om jag fick avlägga en «visit» och det fick jag göra. Hans hustru Karin bjöd på te i den vackra salongen. Det var verkligen något visst att träffa denne mycket lärda man. Jag kände mig som en liten skolpojke, men måste säga att han var enkel att prata med och han var mycket vänlig.

Vid sidan av Sven Stolpes herrgård låg en liten skogsgård, där det bodde ett äldre lantbrukarpar. Författaren frågade sina grannar hur det värmde upp sitt boningshus och de berättade att de hade en rejäl AGA-spis i köket, som fick räcka till alla rummen i huset. Då lät Sven Stolpe sätta in elektriska element i alla rummen som han bekostade ur «egen ficka». Den första jordfästning jag förrättade var den gamle skogsbondens hustru, grannen till Stolpe.

Herman i Sjöbo

Ute i skogen vid den vackra sjön Sommen bodde en säregen man. Han hade en ganska stor gård. Boningshuset var en vacker röd byggnad med vita knutar på två våningar, men utan större bekvämligheter. Herman i Sjöbo, som man kallade honom, var en originell och mycket from människa. Han var också laestadian. En gång bjöd Herman in en man från en laestadiansk församling från Tranås, som ligger söder om Sommen. Predikanten predikade i församlingshemmet i säkert 45 minuter utan något koncept, vilket imponerade på den unge prästen. Herman cyklade till Malexanders kyrka varje söndag för att fira gudstjänst även vid otjänligt väder. En söndag hade det snöat ordentligt. Snötäcket var tjockt, men det hindrade inte honom att cykla de 5 kilometrarna till söndagens gudstjänst. Vid ett tillfälle hade han skadat sig när han var i sin skog för att avverka. Det var vinter och Herman tog sig själv med sin sparkstötting till sjukhuset i Kisa, som låg cirka 2 mil bort. Han ville alltid klara sig själv. När han kom till akuten undrade läkaren hur han hade kommit till sjukhuset och han berättade att det var klart att hade åkt sparkstötting det var ju vinter.

Herman önskade flera gånger att jag skulle följa med honom ut och fiska på sjön Sommen. Det gjorde jag också och vi lade ut näten på kvällen för att dra upp dem nästa dag. Vi tog upp näten och de var fulla med «strömming» som man kallade siklöja där. När vi fått upp näten på stranden visade han hur man skulle rensa näten. När visningen var över sade han: «Ja nu vet pastorn hur det går till,» man sade inte 'du' till prästen på den tiden i respekt för ämbetet. Sedan cyklade han hem till sin gård och jag rensade näten i säkert två – tre timmar.

Hembesök

I Malexander, som var en idyllisk by, fanns en liten handelsbod med postkontor, som drevs av ett gift par. En dag bad jag postdamen berätta för mig var det bodde ensamma och sjuka församlingsbor ute i skogarna, så att jag kunde göra hembesök. Det är ju viktigt att präster besöker församlingsborna. Hon gav mig tips vilka jag kunde besöka, men sade också: «Där finns en man, som du nog inte ska göra hembesök hos för han vill inte ha med varken kyrkan eller präster att göra.» Jag sade till mig själv att just den personen ska jag verkligen besöka, det var ju naturligtvis en utmaning för den unge prästen.

Jag «tog Gud i hågen», satte mig i bilen och körde på smala skogsvägar där mannen och hans hustru bodde i ett ganska slitet och nergånget hus med enkel inredning. När jag knackade på dörren öppnade en man som såg arg och bitter ut. Jag sade att jag var den nye prästen i Malexander och ville bara hälsa på. Mannen sade: «Här har min själ aldrig varit någon präst i detta huset.» Jag svarade att jag kunde gå igen, men både han själv och hustrun ville att jag ändå skulle komma in och det gjorde jag.

Mannen berättade för mig att han hade blivit svårt skadad i skogen. Ett träd hade fallit över hans ben och höft. Boxholmsbolaget, som han arbetade för, var han besviken på. Han hade inte fått den hjälp han önskade. Paret bodde på nåder i det gamla huset som bolaget ägde. Hustrun var sjuklig med ständig värk. Jag förstod verkligen att skogshuggaren, vi kan kalla honom Malte, var bitter och inte mådde bra.

När jag skulle gå, efter att vi druckit kaffe frågade jag om jag fick be en bön och sjunga en psalm, men då sade han att det ville han inte, det var han inte intresserad av. Naturligtvis accepterade jag det. När jag sedan gick och tog farväl sade han till mig: «Det var ju trevligt att träffa dig. Du är välkommen tillbaka».

Efter någon månad gjorde jag hembesök igen och då bjöd de på middag med efterrätt och kaffe. Efter ett par timmar när jag skulle ge mig av igen sade den gamle skogsarbetaren: «Idag kan du få be en bön och sjunga en psalm». Det blev ett fint avslut på besöket.

Några veckor efter mitt sista besök ringde parets son till mig och berättade att hans far var mycket svårt sjuk och låg på Linköpings sjukhus och han undrade om jag kunde besöka pappan. Han ville det själv. Jag har lärt mig, efter många år som präst, att man inte ska skjuta upp ett viktigt sjukbesök, utan göra det så fort som möjligt. Jag körde de cirka 8 milen till sjukhuset och fick träffa min församlingsbo, som var allvarligt sjuk och hade svåra smärtor. Jag satt hos honom någon timme, höll honom i handen, bad för honom och läste några korta bibelord. Innan jag gick läste jag välsignelsen över honom. Det var sista gången jag såg honom.

Nästa morgon ringde sonen och tackade för att jag hade besökt hans far. Hans far dog några timmar efter mitt besök. Det blev ett fint samtal och sonen sade till mig: «Jag vill gärna berätta för dig vad det sista ordet far sade innan han somnade in lugnt och fridfullt: «Jesus Kristus».

En annan gammal man bodde ensam i sin lilla stuga i en bit ifrån byn Malexander. Han hade också varit inlagd på ett sjukhus och genomgått en svår och lång operation och var nära att dö, förstod jag. Han berättade för mig att han hade varit över «på den andra sidan» som han uttryckte det. «Under operationen fick jag uppleva något verkligt underbart, som jag aldrig glömmer!» Han sade med tårar i ögonen att han gick på en mycket vacker sommaräng med vilda blommor och ljuvlig fågelsång. Men det var något som inte var lika skönt och bra. «Jag bar på en tung säck med stenar. Den var inte särskilt stor, men tung var den och därför var det besvärligt och mycket tröttsamt att gå fastän där var så vackert. Längre fram på ängen såg jag en ung kraftfull man med långt hår gå med lätta steg, men flera gånger vände han sig om och mötte min trötta blick. Plötsligt sade han till mig: «Du behöver inte bära den tunga säcken den tar jag hand om.» Sedan tog han säcken och lade på sin egen rygg och det kändes fantastiskt skönt och det blev lätt för mig att gå. Jag upplevde den sommarfagra ängen som jag aldrig hade sett den tidigare.» Jag lyssnade noga på hans fantastiska upplevelse och jag sade: «Det var väl Jesus själv du mötte på ängen?» «Ja, det är klart att det var han», svarade min gamle församlingsbo bestämt.

Minnen från Skagen

Min första ordinarie tjänst som sjömanspräst var i Skagen i Danmark. Många minnen kommer för mig. Arbetet som präst bedrevs inte bara i Skagen utan också i Hirtshals och Hanstholm vid Jyllands västkust, som man ofta kallade Västerhavet. Även en sjömanskyrka i Egersund i Norge, belägen mellan Kristiansand och Stavanger, ingick i «mitt pastorat». Dessa fyra kyrkor var ämnade för de svenska västkustfiskarna. De var byggda på insamlade medel från kustförsamlingarna i Bohuslän och Halland. Som sjömanspräst ingick det också att göra predikoresor och ta upp kollekt till dessa fiskarkyrkor.

Den danske sogneprästen i Skagen som jag alltid hade stor hjälp vid de många vigslarna (cirka 50 per år) gav mig en väldigt fin titel, annars är jag inte så mycket för titlar. Estrup Jensen, som var hans namn, sade: «Jag tycker du ska kallas för «Biskopen över Skagerack och Kattegatt». Jag skulle naturligtvis tryckt ett visitkort på skoj med den ämbetsbeteckningen.

Det var sannerligen en spännande uppgift för den unge prästen att få förmånen att verka som just sjömanspräst i Skagen och de andra tre fiskarkyrkorna. Alla mina företrädare på tjänsten var präster från Göteborgs stift, som mycket väl kände till den kyrkliga och frikyrkliga traditionen på västkusten. Jag var, som man säger, «grön» i detta sammanhang. Det var ju en utmaning att inte vara präst från Göteborgs stift.

Min första prediko- och insamlingsresa gick till Öckerö i Göteborgs skärgård. Jag kontaktade den legendariske och omtyckte prosten Gösta Gustafsson. Jag frågade om jag kunde komma och predika och då ta kollekt till sjömans/fiskarkyrkorna.

Prosten sade: «Ja, du är välkommen att tjänstgöra, men du måste skriva två predikningar!» Jag reagerade genast och frå-

51

gade varför jag skulle ha två? «Jo det är så att när det firas gudstjänst i huvudkyrkan på Öckerö klockan 11 då kommer en kyrkbåt från Hyppeln, en ö i yttre skärgården. Vid kvällsgudstjänster i deras eget kapell kommer en del av dem som redan har firat gudstjänst på Öckerö och du kan därför inte ha samma predikan.» Det var bara att lyda prosten och skriva just två predikningar. På kvällsgudstjänsten i deras egen kyrka deltog också många av dem som redan varit i Öckerös kyrka

Förutom gudstjänsten, när jag tjänstgjorde denna söndag, predikade jag på eftermiddagen också i Björkö kapell. Kollekten på de tre gudstjänsterna blev flera tusen kronor. Församlingsborna visste i sina hjärtan vad «fiskarkyrkorna» i Danmark och Norge betydde. Jag blev som ung sjömanspräst djupt imponerad av dessa fromma fiskare.

Förbön för seglaren

Vid en av mina predikoresor kom jag till Klädesholmen och Rönnäng i maj månad. Då hade en ung seglare gett sig av på lördagskvällen med sin segelbåt. Hans föräldrar blev mycket oroliga när han inte återvände till hamnen och hemmet. Det hade blåst upp till halv storm och vinden ökade i styrka. Sjöräddningen larmades och även helikopter sattes in och många båtar var med i sökandet efter den unge seglaren. I gudstjänsterna i de båda kyrkorna bad vi till Gud att man skulle återfinna pojken. Det ligger mycket kraft i bönen, mer än vi människor förstår.

När jag på söndagskvällen tog Stena Lines färja tillbaka till Fredrikshamn tog jag kontakt med kaptenen och frågade honom om man hade hört eller sett någon segelbåt med den unge seglaren. Kaptenen svarade att inget spår fanns och vinden hade dessutom ökat i styrka, så chansen var liten att sökningen skulle bli lycklig.

Sent på kvällen hade en segelbåt med trasiga segel och i dåligt skick lagt till i en liten fiskehamn i Danmark med en ung och utmattad man ombord – i livet. Det meddelades i svensk TV som första nyhet. Jag är övertygad om att förbönen i Klädesholmens och Rönnängs kyrkor hade hjälpt.

Gudstjänster i Skagen

Gudstjänster firades onsdags- och söndagskvällar det var då man hade störst möjlighet att deltaga. Jag minns särskilt en gudstjänst när jag var ny sjömanspräst. Två fromma fiskare kom och frågade om de fick medverka: «Kan jag få sjunga några andliga sånger?» Jag sade att det var klart att han fick göra det. Han stämde upp med hög och klar stämma: «Han har öppnat pärleporten» och «Oh hur saligt att få vandra». På den tiden fanns inte dessa psalmer i Svenska Kyrkans psalmbok. Den andre fiskaren frågade om han fick «vittna» om vad Jesus betydde i hans liv? Och det gjorde han väldigt fint. Det var underbart att få uppleva detta som ung präst. Tänk att få vara med om detta i gudstjänst hemma i en vanlig församling i Svenska Kyrkan. Många av besökarna från öarna i Göteborgs skärgård kom från frikyrkorna.

Besök på trålare

Åtskilliga besök gjordes ombord på västkusttrålarna. Vid ett tillfälle satt jag i mässen och drack kaffe och pratade med besättningen. Efter en stund kom en ganska ung fiskare in och såg trött och sömnig ut. Jag hälsade på honom och frågade om han var trött? «Nej, sade han jag har läst Bibeln det ska du också göra pastorn!!» Jag fick mig en tankeställare. I många trålare låg väl lästa biblar och andaktsböcker i styrhytten men också i mässen. De visste vad det betydde att ha Jesus med i båten, precis som lärjungarna på Genesarets sjö när det blev en häftig storm.

En annan orsak till besöken var också att få skepparen att skänka några lådor med fisk till Sjömanskyrkan. Det gjorde man också välvilligt, om man fått en bra fångst. Avkastningen för de fiskelådor som skänkts av svenska trålare gick direkt till kyrkan. Varje morgon var det fiskauktion i den stora auktionshallen med många uppköpare från både Danmark och Sverige. En gång gick i månaden jag till auktionskontoret och auktionsmästaren och kasserade in avkastningen. Det var en rejäl inkomst till kyrkan.

Fiskaren på Sunnfjord

En kväll knackade det på köksdörren till prästgården Villa Bo-
huslän, som låg mycket nära sjömanskyrkan på Vestre Strand-
vej. Det var en fiskare på Sunnfjord från Kyrkesund som und-
rade om jag kunde köra honom till Skagens sygehus. Han hade
allvarligt skadad sin högerhand när de drog in trålen. Handen
hade kommit i kläm mellan relingen och trålvajern. Jag vän-
tade på honom och när han kom ut från doktorn frågade jag
Knut hur det gick med handen? «Jo det gick bra, men doktorn
var tvungen att klippa av två fingertoppar. Men, sade fiskaren,
de tar jag med mig hem till katten.» Några dagar senare var
trålaren från tillbaka i Skagen och jag frågade skepparen hur
det var med Knut? Han hade genast gett sig ut på fiske igen.
Det var inte tal om att sjukskriva sig. Det var verkligen segt
virke i de fiskare jag lärde känna.

Olyckan på varvet

På sommaren låg många trålare från Bohuslän och Halland på varvet i Skagen för reparation och översyn. Då tog skepparen ofta med sig familjen. De bodde då på oftast på sjömanskyrkan, där det fanns några rum till uthyrning. Kyrkan blev deras «andra hem» under de dagar båten låg på varvet. Jag lärde känna fiskarfamiljerna ganska väl och fin gemenskap uppstod på ett enkelt och naturligt sätt. Gudstjänsterna var viktiga under deras vistelse på kyrkan.

En familj från Göteborgs skärgård, om jag minns rätt, kom med fiskebåten från Öckerö. När den stora trålaren skulle lämna Skagen gick skepparen ner i maskinrummet för att starta maskin och kontrollera så att allt var okay. Efter en stund undrade hans familj varför skepparen inte kom upp på däck och till styrhytten. Sonen i familjen gick ner i maskinrummet och på durken låg skepparen/pappan svårt skadad och döende. Kyrkan och vi som var i tjänst fick då självklart stödja och hjälpa den chockade familjen med samtal och bön. Flaggan hissades på halv stång och kyrkklockorna ringde när trålaren med familj lämnade hamnen. Kyrkan fick verkligen vara just en utsträckt hand från Frälsaren själv.

Gå inte på trålen!

En trålare från Bohuslän, jag tror den var från Hönö, låg i hamnen i Hirtshals. Den stora trålen låg utlagd på ett område vid kajen. För att besöka båten var det enklast för mig att gå rakt över trålen. När jag gjorde det sade skepparen högt och tydligt: «Du får inte trampa på nätet, det betyder att vi får ingen bra fångst» Jag trodde i min enfald att det var precis tvärtom att prästen, Herrens tjänare, hade tur med sig men så var det uppenbarligen inte. Fastän de flesta fiskare var och är fromma människor så är man känsliga för skrock. Till exempel om man mötte en svart katt när man skulle ut och fiska betydde också det otur. Efter någon månad låg samma trålare i hamnen i Hirtshals igen och jag tänkte för mig själv hur mötet skulle bli, med tanke på mitt oförstånd med att gå på trålen. Jag närmade mig båten väldigt försiktigt. Efter en kortare gång såg skepparen mig komma och han utbrast högt och tydligt: «Johan du kan gå på nätet hur mycket du vill, vi fick en jättefångst!»

Nöddopet på Hjörrings sjukhus

En mycket god vän till oss var flitig besökare på sjömanskyrkan. Hon var gift och hade länge önskat att få barn och efter många försök lyckades kvinnan bli gravid och båda blivande föräldrarna var överlyckliga. Men tyvärr blev det problem i slutet av graviditeten. Mannen tog kontakt med mig och berättade att deras efterlängtade barn var mycket allvarligt sjukt och läkarna hade förklarat att barnet kommer att dö. Läkarna var maktlösa.

Pappan bad mig att komma till sjukhuset i Hjörring och förrätta ett nöddop. Det var väldigt viktigt för dem att deras älskade och efterlängtade barn skulle döpas. Dopet, som jag aldrig kommer att glömma, ägde rum i det rum där kuvösen med den dödssjuka söta lilla flickan låg. Personalen hade mycket fint gjort ett litet altare med ljus och dopvattnet var i en vacker glasskål. Det lilla, lilla barnet lyftes ut ur kuvösen den korta stund som dopet varade. Tyvärr var mamman så sjuk själv att hon inte kunde närvara vid dopet. Efter dopet gick jag in till henne och fick tala om att deras barn inte skulle överleva. På natten efter dopet dog deras älskade barn. Ibland är livet svårt att förstå! Föräldrarna var ändå tacksamma, mitt i den svåra sorgen, att deras barn blivit döpt.

Svalöv

Under åren 1975–1985 tjänstgjorde jag som kyrkoherde i Svalöv i Lunds stift. Församlingen hade en mycket omfattande verksamhet för barn och ungdomar. Några trevliga minnen har jag från denna tiden.

Vid andakten Kyrkans Barntimmar hade jag en gång berättat om «bröllopet i Kana «. Nästa gång jag träffade barnen igen frågade jag vad de kom ihåg från förra gången. Det var lite olika vad barnen kom ihåg. Ett av barnen berättade att det var en fest där Jesus var med. Jag frågade då vad som hände där på den festen. En liten pojke barngruppen sade: «Göken tog slut»

En annan gång mötte jag en mamma på torget i Svalöv. Hon berättade att hennes son kom hem och sade att Johan hade sagt till barnen att Jesus hade lejonungar. Mamman sade att det hade nog inte Johan sagt, men hennes pojke sade att det hade Johan visst sagt! Hade Johan sagt det så var det helt enkelt sant. Jag tänkte efter en stund vid mötet med mamman och kom fram till att jag hade sagt att Jesus hade lärjungar. Ordet lärjungar och lejonungar är ju för en 5-års pojke ganska lika varandra.

En sommargudstjänst minns jag särskilt i Tirups kyrka. Det var en strålande vacker söndag med solsken. Det var varmt och skönt både ute och inne. När jag kom till kyrkan mötte jag som vanligt den snälle och varmhjärtade kyrkvaktmästaren. Han var lite upprörd och nervös därför att inne kyrkan hade en duva flugit in och Anton försökte att få ut duvan. Han hade låtit dörrarna stå vidöppna så att duvan skulle kunna flyga ut, men duvan vägrade. Den flög omkring lite inne i kyrkorummet mellan sakristians vägg och orgelläktaren. Duvan var kvar i kyrkan. Jag sade till Anton att vi kunde låta duvan var kvar den är ju en symbol för «Den Helige Anden»

Jag hälsade församlingen välkommen till gudstjänsten och nämnde då också duvan. Duvan satt lugnt och stilla vid orgelfasaden och lät sig inte skrämmas när kantorn började spela. Så allting verkade bra. Det är ju inte dumt att ha den «Helige Ande» närvarande rent påtagligt i gudstjänsten, det kändes bra, men när jag ställde mig i predikstolen och började predika ja då flög duvan snabbt ut ur kyrkan. Hur ska man teologiskt tolka detta?

Kyrkan San Pedro i Los Angeles

Ofta klagar man i församlingarna hemma i Sverige att det är få människor som firar gudstjänst. Jag vill nog påstå att i sjömans- och utlandskyrkorna är det nästan alltid många som kommer till gudstjänsterna och man gör det med stor glädje. Det verkar som att svensken tycker det är enklare och naturligare att gå till kyrkan när man befinner sig utomlands. I San Pedro var det stora avstånd att köra till kyrkan och ofta var trafiken stor med långa tidskrävande köer. Men det avskräckte inte. Man ville komma och känna gemenskap och samhörighet och sjunga de välkända psalmerna. De som arbetade i kyrkan, ställde aldrig frågan: «Undrar hur många besökare ska komma idag till gudstjänsten?» Nästan alltid var kyrksalen full med gudstjänstfirande människor. Jag tror att kyrkan i Sverige har mycket att lära av utlandskyrkornas sätt att arbeta. Trösklarna är mycket lägre!

Kyrkan var inte bara viktig för alla de svenskar och skandinaver som bodde i Los Angeles med omnejd, med en yta ungefär som ¾ av Skåne. Men kyrkan betydde också mycket för de skandinaviska sjömännen. I kyrkan i San Pedro hade man en fin tradition, nämligen att spela nationalsången för fartyg som passerade kyrkan, som låg just vid inseglingen till den stora hamnen. Det var mycket uppskattat. Vi spelade också för alla de brudpar som gifte sig i kyrkan. När brudparet lämnade kyrkan och skulle sätta sig i hyrbilen spelade vi nationalsången för dem. Vi hade inte berättat detta i förväg. Det blev ett minne för livet!

Ett trevligt minne har jag av en spelning för det 300 meter långa kryssningsfartyget Queen Elizabeth. Ombord på detta enorma fartyg fanns en svensk konditor som fick besök av mig. Jag berättade för honom att när båten lämnade San Pedro då spelar kyrkan den svenska nationalsången. «Då kan du stå på översta däcket och vinka!» Det gjorde han också.

Något år senare när jag tjänstgjorde som kyrkoherde/sjömanspräst i New York, fick jag ett samtal från samme konditor, som nu var bagare på Sten Stensons konditori i Eslöv. Jag frågade honom varför han ringde så lång tid efter spelningen i San Pedro. Han sade att han på TV just hade sett en fotbollsmatch där Sverige vann. Man hade spelat svenska nationalsången och han kom att tänka på spelningen när han stod på Queen Elizabeths övre däck och både lyssnade och vinkade. Han ville tacka för den gången och det glömde han aldrig.

En annan gång fick jag ett fax från en sjökapten som var den ende svensken ombord. Övrig besättning var blandade nationaliteter. Han hade inte varit hemma på flera månader och knappt kommit i land i de hamnar hans fartyg anlöpte. Han visste att vi på kyrkan spelade svenska nationalsången och önskade att vi kunde spela den för honom. Han längtade hem till sitt land och familj. Vi spelade självklart och han blev mycket tacksam och rörd över detta. Tänk vad det betydde för denne sjöman. Han fick också självklart besök av oss och satt på kyrkan några timmar innan hans fartyg lämnade hamnen.

Sjukbesök

Efter en gudstjänsthelg i San Fransisco fick jag veta, när jag kom på kvällen, att en svensk besättningsman på Ro-ro-fartyget Talabot låg svårt sjuk på ett sjukhus i Long Beach. Fartyget var på väg från Japan till San Pedro och sjömannen blev allvarligt sjuk ombord. När båten kom närmare land blev han hämtad med helikopter. Jag besökte honom genast när jag fått beskedet och han blev glad för mitt besök. Vi hade träffats flera gånger tidigare ombord. Han var verkligen mycket sjuk och läkarna berättade för mig att de förmodligen inte skulle kunna rädda hans liv, trots stora insatser.

Läkarna ville att jag skulle underrätta hans familj. När jag besökte honom sista gången, dagen innan han dog, ringde jag också hem till hans föräldrar i Småland och berättade att deras son var allvarligt sjuk och skulle dö. Föräldrarna fick tala med honom i telefon, som vi kopplade till sängen och han kunde själv tala med dem. På natten dog han

Efter några dygn kom sjömannen hem till Sverige och blev begraven i sin hemförsamling. På sommaren var jag hemma på semester i Sverige och fick besök i vårt sommarhus av hans föräldrar. De ville bara tacka för den hjälp som kyrkan i San Pedro hade gett deras son. De hade i hans lägenhet funnit en sparbanksbok och tagit ut pengarna. Jag minns att det var cirka 7 000 kronor. «Det ska du ha till kyrkan som tack för hjälpen till vår son» sade hans föräldrar.

Betydelsen av en «Ljusbärare»

Jag fick ett handskrivet brev av en mor. I brevet frågade hon om jag ville besöka bilfartyget Carmen, där hennes unga dotter seglade jungman. Dottern stod sin mormor väldigt nära och betydde mycket för henne. Nu hade hennes älskade mormor dött och mamman ville att jag skulle berätta detta. Mamman ville inte bara sända ett meddelande via rederiet.

Självklart gick jag ombord på fartyget så fort hon var förtöjd och bad kaptenen kontakta flickan. Hon kom och jag fick tala om för henne vad som hade hänt. När jag sade att jag var sjömanspräst utbrast hon: «Har mormor dött?» Jag åkte till sjömanskyrkan med henne och hon var naturligtvis förtvivlad. När vi kom till kyrkan gick vi in i kyrksalen och den unga tjejen fick tända ett ljus på «ljusbäraren» för sin älskade mormor och vi blev stilla. Jag bad för henne och hon satt kvar länge i kyrkan innan vi åkte tillbaka till fartyget. Tänk vad viktigt att sjömanskyrkan fanns där just för henne!

Minnesstunder ombord

En sjöman på ett Walleniusfartyg hade dött ombord under påskhelgen. Han kom inte till mässen för att äta påskmiddag. Eftersom han inte kom till måltiden, man hade väntat ganska länge, gick man ner till hans hytt och där låg han avsomnad. Jag fick ett fax av kaptenen om jag kunde komma ombord och ha en minnesandakt. Jag gick ombord, iklädd rundkrage och svart kostym, och hade gjort några stenciler på lämpliga psalmer. Mässen arrangerades till ett andaktsrum med tända ljus och blommor och alla i besättning deltog i minnesstunden. Den rönte stor uppskattning av besättningen. Det var viktigt för dem, den enkla andakten. Ombord på ett fartyg blir man som en familj och nu hade en familjemedlem lämnat dem.

Flygolycka med rederifolk

Ett Ro-ro-fartyg från Tönsberg låg i hamnen och jag gjorde ett fartygsbesök och fick då veta att det norska rederiet Wilhelmssons ledning omkommit i en flygolycka utanför Skagen. De hade varit på väg till Hamburg för att ta över och döpa ett nyförvärv till sina stora flotta. Fartyget som låg i San Pedro var från just detta rederi. Kaptenen undrade om Sjömanskyrkan kunde arrangera en andakt/minnesstund ombord. Det var bråttom för båten skulle bara ligga vid kaj i några timmar. Det blev en värdig och enkel andakt ute på däck innan fartyget lämnade hamnen. Vi sjöng några norska, svenska och engelska psalmer. Jag valde ut lämpliga bibelord och bad för familjerna som mist sina kära i flygolyckan. När båten lämnade San Pedro spelades den norska nationalsången. Än en gång kände man vad viktigt det var att Sjömanskyrkan fanns just där som hjälp och stöd.

Nya Psalmböcker

Andra söndagen i månaden flög sjömansprästen till Norska Sjömanskyrkan i San Fransisco för att fira gudstjänst för alla de svenskar och övriga skandinaver som bodde där. Gudstjänsterna var alltid välbesökta. 1986 fick Svenska Kyrkan nya psalmböcker. Jag berättade om psalmböckerna som jag beställt och jag undrade om någon ville hjälpa till att betala dem. När gudstjänsten var slut kom ett par unga män fram till mig och sade att det betydde så oerhört mycket att de fick fira gudstjänst och sjunga de svenska psalmerna. Den ene brodern tog fram sitt checkhäfte och skrev ut en check på 500 dollar. Den andre brodern skrev ut en check på samma belopp. Resten betalade SWEA, en frivilligorganisation för svenska damer. Givmildheten är ofta stor för svenskar utomlands. Man älskar «sin kyrka».

Fängelsebesök

En svensk kvinna fick besök av kyrkan i San Pedro. Jag fick i uppdrag av generalkonsuln i Los Angelos att besöka henne i fängelset, vilket jag gjorde i över 6 år. Vi blev goda vänner och jag vet att besöken betydde mycket. Hon blev dömd till «25 to life» och satt i det kvinnliga Chino-fängelset 10 mil från kyrkan i San Pedro. Hon blev dömd till medskyldig i ett polismord. Hon var med när det hände, men det var hennes pojkvän som avlossade skottet som ändade polisens liv. Pojkvännen tog sitt liv i fängelset. Den svenska kvinnan ansågs medskyldig till polismordet. Efter 27 år blev hon sänd tillbaka till Sverige, men fick avtjäna ett antal år i ett svenskt fängelse.

Hon är nu sedan några fri och har skrivit en bok om sitt liv i det amerikanska fängelset. Under sin tid i fängelset i Kalifornien blev hon troende och blev också en hjälp för andra fångar. Hon har varit på många platser i Sverige, framför allt i kyrkor, och hållit föredrag om sitt liv och hon drar fulla hus.

Även andra svenska män och kvinnor har jag besökt i fängelser och häkte under mina 15 år som svensk präst i Los Angeles och New York. Det är ganska stor skillnad mellan att vara fånge i Sverige och i USA. Det går inte att jämföra. Under min studietid i Lund var jag fångvaktare på det gamla fängelset i Ystad och där var inte lika tuffa regler som i de amerikanska.

Kyrkans Barngrupper

I både San Pedro och New York hade kyrkorna en omfattande barnverksamhet. Det betyder väldigt mycket för både mammorna och barnen att träffas på kyrkan. Många kvinnor är gifta med män som ofta har långa arbetsdagar. Ofta känner småbarnsmammorna sig ganska ensamma och därför är kontakten med andra svenska mammor mycket värdefull och viktig. Kyrkan är en oas för dem.

En julavslutning i New York minns jag särskilt. Ett av barnen hette Viktor och någon månad innan jul firades familjegudstjänst och då döpte jag Viktors lillasyster. Storebror sjöng en liten barnpsalm i samband med dopet. Lillasysters namn var Ebba. Vid julavslutning i kyrkan med barngruppen berättade jag om julens budskap. Viktor och hans familj var med. Vid krubban var barnen samlade och jag frågade vad heter det lilla barnet i krubban? Lille Viktor räckte upp sin hand och sade: «Ebba» Så underbart kan det ofta bli när barn medverkar i gudstjänster!

Besök av förtvivlad mamma

En dag kom en kvinna på besök till kyrkan. Hon berättade att hennes dotter var boende i New York City sedan många år och jobbade som illustratör och designer och var mycket framgångsrik. Varje vecka red hon i Central Park. Jag kallar henne Anna. Hon var en skicklig ryttare, men hästen hon red på hade blivit skrämd och föll omkull och kvinnans dotter blev klämd under den stora hästen. Hon låg nu på New York Hospital mycket allvarligt skadad och svävade de första dagarna bokstavligt talat mellan liv och död. Mamman var förtvivlad och vi lovade självklart att besöka dottern varje dag, vilket vi också gjorde.

I kyrkan började vi alla dagar med en morgonbön och då bad vi för många människor som behövde denna styrka, som bönen alltid ger. Vi bad därför också för Anna, som låg svårt skadad på sjukhuset. Efter många dagar blev hon bättre men låg kvar länge. Hon blev opererad flera gånger och kunde så småningom lämna sjuksängen och kunde gå med hjälp. När hon skulle skrivas ut var jag själv på besök hos henne tillsammans med hennes mamma. Jag minns att mamman sade till läkarna som stod runt sängen: «Tack för allt ni gjorde för min dotter och tack för att hon nu mår mycket bättre och har fått tillbaka livet. Tack». En av läkarna sade: «Tacka inte oss, tacka Gud. Vi trodde inte att hon skulle tillfriskna så väl!» I USA skäms man inte att säga att man tror på Gud och att Han kan hjälpa oss människor.

Efter sjukhusvistelsen fortsatte mina besök några månader på en rehabklinik några mil utanför New York och efter ganska lång tid kunde Anna börja arbeta igen och var glad över att hon kunde fortsätta sin verksamhet.

Sommaren efter olyckan var jag och min fru Bodil på semester i Skåne och första söndagen i september firades höstens första gudstjänst i kyrkan. Många gudstjänstbesökare deltog och när jag stod vid altaret och vände mig, såg jag till min stora glädje att längst bak i kyrkan satt Anna. Vid gudstjänstens slut gick jag fram och hälsade på henne och gav henne en kram. Hon berättade att hon ville komma till kyrkan för att visa sin tacksamhet för vad vi hade gjort för henne när hon låg på sjukhuset. Hon sade också att det var första gången hon hade deltaget i en gudstjänst. Idag har jag fått veta att Anna är en flitig besökare på kyrkan i New York City och hjälper alltid till vid de årliga julbasarerna.

Anna är nu gift och har en dotter, som nu är tonåring. Något år efter att jag slutat min prästtjänst i New York var jag och Bodil på besök i «The Big Apple» för att hälsa på vår son som bodde där då. Vi åkte tunnelbanan till Williamsburg. Varje dag transporteras cirka 4 miljoner människor. När vi satt i tunnelbanevagnen kom plötsligt en mamma på med sin flicka och vi hajade till och blev nästan chockade när vi såg att det var Anna och hennes dotter, som vi aldrig hade träffat. Det var inte en slump, eller Ödet som man ofta säger i vårt sekulariserade land, utan jag är övertygad om att det var Gud som arrangerade detta underbara möte i en tunnelbanevagn.

Ambassadör Per Anger

Många intressanta besökare kommer till kyrkan i New York. Vid ett tillfälle besökte ambassadör Per Anger kyrkan. Han berättade att han hade tjänstgjort tillsammans med Raoul Wallenberg i Budapest. Deras samarbete var intensivt och vad han sade berörde alla oerhört mycket. Det var ett livsfarligt arbete. Det var fara för deras eget liv och vi vet alla vad som hände med Raoul Wallenberg.

I kyrksalen där Per Anger berättade om sitt osjälviska arbete för att rädda judar, satt en gammal man vid sidan av min fru Bodil. Han berättade för henne att han hade kommit till Sverige med «De vita bussarna» och det var tack vare Per Anger som han levde. Efter föredraget gick mannen fram och tackade honom för att han hade räddat hans liv. Det var gripande att se det mötet.

Min kusin Helge körde också «De vita bussarna» flera gånger och hämtade de utmärglade överlevarna. Detta fick jag tyvärr veta om väldigt sent, bara något år innan han dog.

Möte med fartygschefen på «Falken»

En dag då jag och min fru Bodil arbetade på mitt kontor i New York City, sade Bodil: «Det är en pensionerad sjöofficer i läsrummet.» Jag gick ner och hälsade på honom och vi började prata om Sjövärnskåren. Jag berättade att jag, min bror Jesper och 20 andra ungdomar från Sjövärnskåren i Ystad gick ombord på flottans skonert Falken i juni 1955. Vi avseglade från Ystad med destination Simrishamn. Seglatsen skulle bara ta några timmar, men det blev annorlunda. Efter någon timme blev det full storm. Det blåste mellan 25 och 30 sekundmeter i ett par dygn. Det var omöjligt att gå in i hamnen i Simrishamn, där föräldrar och anförvanter väntade. Falken försökte gå in i andra hamnar med det gick inte. Radion ombord fungerade inte och vi kunde inte meddela oss med land. Detta var inte mobiltelefonernas tidevarv. På löpsedlarna stod det att Falken var försvunnen med 24 sjövärnspojkar ombord. Det blåste väldigt mycket och vågorna slog över däck med stor kraft. Bommen till storseglet knäcktes. Vi fick inte använda toaletterna som fanns på däck. Många var rejält sjösjuka. Min mycket bestämda och kraftfulla mamma Lilian kontaktade Örlogsstationen i Karlskrona och berättade att hon hade två pojkar ombord och var naturligtvis väldigt orolig. Hon krävde att marinen skulle hjälpa att få de unga sjövärnspojkarna i land. Vår far visste inte om att två av hans söner var ombord. Far var bortrest och mamma ville inte oroa honom.

I slutet av det tredje dygnet kom en minsvepare från Karlskrona ut och hämtade oss sjövärnspojkar. Att komma ombord i minsveparen var väldigt farligt och besvärligt i den svåra sjögången. Två besättningsmän på Falken bokstavligen kastade oss över till minsveparen. Hamnen var fullpackad med människor och oroliga föräldrar och syskon. Journalister från många tidningar fanns också på plats. Det blev stora reportage i många tidningar. Jag har fortfarande tidningarna kvar. TV fanns inte i Sverige på den tiden.

Denna dramatiska händelse berättade jag om för den pensionerade sjöofficeren över en kopp kaffe och han lyssnade verkligen. När min skildring var över sade han: «Det var jag som var fartygschef på Falken. Jag minns mycket väl den seglingen det var tidvis dramatiskt» erkände han. Vilket sammanträffande att så många år efter, träffas på Svenska Kyrkan. Fartygschefen var i New York City, där hans hustru, operasångerskan Elisabeth Söderström uppträdde Han hade med sig en nyutkommen bok, «Flottans tvåsegelfartyg Gladan och Falken». Där kan man läsa om seglingen från Ystad till Simrishamn. När han skrev boken, hade han efterlyst någon som var med på seglatsen och som skulle kunna berätta om det äventyret.

Samtal om korset

I hamnen i New York låg ofta fartyget «Ivan Gorthon» från Helsingborg. Lasten var pappersrullar från Canada, som användes till tidningar för New-York Times och andra publikationer. Jag besökte ofta det denna båt och lärde känna besättningen ganska väl. Vi var alltid välkomna ombord både jag och mina medarbetare. Ofta hämtade vi sjömännen till Manhattan för sightseeing och besök på kyrkan. Besättningen uppskattade alltid våra besök. Vi hade med oss tidningar och böcker.

Vid ett besök fick jag ett givande och intressant samtal med en ung styrman. Han var ledig några timmar så konversationen varade flera timmar. Han var intresserad av andliga och religiösa frågor förstod jag. Jag minns att han frågade ungefär så här: «Du Johan vad är det för skillnad mellan de olika religionerna det är väl inte så stor skillnad egentligen, vi har väl samma Gud?

Jag frågade honom om han var konfirmerad och det var han i en församling i Skåne. Var minns jag inte. «Vad fick du lära om den kristna läran?» Det kom han inte alls ihåg. Han frågade då om jag enkelt kunde förklara vad som utmärkte den kristna tron. Jag tog gott om tid på mig och han lyssnade på vad jag berättade.

Jag sa att det absolut väsentligaste i kristendomen är Jesus Kristus. Han är Guds Son. Han kom ner till oss för att vara en hjälp och tröst i vårt liv. Det viktigaste han gjorde var att han dog för oss på korset på Golgata på den dag som vi kallar långfredagen, och som den största delen av kristenheten kallar för «The Good Friday»

Genom att Jesus dog för oss på korset för våra felsteg, brister och dumheter, det som vi kallar synder, så kan vi få ett evigt liv och komma till himlen när vårt liv är slut. Om du och jag tror på detta i vårt hjärta, det Jesus har gjort för oss, ja då har vi ett evigt liv och får komma till paradiset. Jag sa till styrmannen som lyssnade uppmärksamt att korset är det viktigaste i den kristna tron. Det är därför det alltid är kors i våra kyrkor runt om i världen och många har ju också ett kors som smycke runt halsen.

Styrmannen var mycket tacksam över vad jag i all enkelhet berättade. Dagen efter mitt långa och givande besök låg fartyget «Ivan Gorthon» kvar för ovanlighetens skull. Man väntade på en reservdel till maskinen. Min assistent på kyrkan fick i uppdrag att åka ner till båten och hämta delar av besättningen, som ville besöka Manhattan. Styrmannen som jag hade det givande samtalet med var också med i kyrkans buss.

När sjömännen hade satt sig i bussen sa styrmannen: «I går hade jag ett givande och intressant samtal med sjömansprästen Johan, och han berättade för mig om den kristna tron. Han sa att det allra viktigaste för en kristen och troende människa är korset. Nu har jag suttit i min hytt hela kvällen och av tågvirke gjort för hand två kors. Det ena ska hänga här på backspegeln i kyrkans buss så att alla i ser det. Det andra korset ska sjömansprästen ha!» Björn berättade att det var alldeles tyst i bussen när styrmannen berättade om korset som han hade gjort. Det styrmannen så modigt och klart berättade för delar av besättningen var ett vittnesbörd – ja, en predikan. Bättre kunde inte en präst förkunna!

Den glömda cykeln

I många år har jag funnits i en källare i Svenska kyrkan i New York. Jag kände mig bortglömd. Ingen tog någon notis om mig, en svart gammaldags cykel. I samma mörka källare fanns även en modern tioväxlad tävlingscykel, så varför skulle någon överhuvud bry sig om mig?

Plötsligt en dag kom en man ner i det mörka källarrummet och han såg mig och bar upp mig från min mörka och dystra tillvaro till första våningen. Jag såg dagsljus för första gången på många år. Mannen tog fram en pump och började pumpa mina gamla däck och hela jag kände det som ett lyft, i dubbel bemärkelse. Jag blev också tvättad, putsad och polerad och jag kände mig, för första gången på många många år, glad inombords. Ett nytt liv hade börjat och jag var väldigt stolt över att det var jag som blev sedd och inte den tuffa och häftiga tävlingscykeln.

Det är kanske något speciellt med mig, tänkte jag, att just jag kom fram i ljuset efter alla dessa år i mörker! Tänk att jag blev utvald till detta! Jag fick åter komma ut i New York, «The Big Apple» Vilken upplevelse! Det var osannolikt, helt enkelt! Jag fick se alla de tusentals människor från hela världen, som stressade fram på de breda, stora trottoarerna. Allt är stort i New York City. Det var så häftigt att få uppleva detta igen. Trafiken var ju enorm, det hade jag nästan glömt, efter mina år i källarmörkret. Tänk att åter få se de gula taxibilarna och höra sirener från ambulanser, polisbilar och brandbilar. Ja, att få känna pulsen i denna världsberömda metropol, det var enormt. Det var ett lyckorus.

Mannen som cyklade var väldigt skicklig att kryssa mellan bilarna på Madison och Fifth Avenue. Jag var djupt imponerad. Inte en enda gång blev jag påkörd, även om polisen ibland såg barsk ut när de såg mig komma. Ofta var det bara jag och mannen som uppenbarade sig på detta sätt i trafiken. Färden gick alltid in till den underbara Central Park. Denna park är en oas i New York City och är som en väldig lunga för de miljoner människor från hela världen som bor eller uppehåller sig där. Ibland cyklade jag runt hela parken som till omkretsen mäter elva kilometer. Tänk vilken lycka att färdas i parken, som har ett rikt fågelliv och mängder med sällsynta träd. Att få göra detta på hösten och få se de vackra färgerna, ja det var som att nästa vara i himmelen.

En dag fick jag uppleva något unikt, när jag hade cyklat färdigt och kom tillbaka till kyrkan. En svensk, som ofta besökte kyrka på 48:e gatan kom fram och visade mig *New York Post,* med en upplaga på två miljoner tidningar per dag. Där, på första sidan, var en stor bild på oss, när vi kom cyklande på Fifth Avenue. Tänk att jag, gamla svarta bortglömda cykeln, fanns på första sidan på en av världens största dagstidningar. Jag kunde inte fatta någonting. Men det var sant och jag kommer aldrig att glömma det. Bilden är tagen av en fotograf, som säkert tyckte att det såg farligt ut att, mitt i den snabba trafiken, kom en gammal cykel åkande med en man i bar överkropp och utan hjälm. Det är sådant som bara händer i *The Big Apple!*